alfonsocasas

MONSTRUOSA
MENTE

RanDom
CÓMICS

alfonsocasas

MONSTRUOSA MENTE

RANDOM
CÓMICS

Papel certificado por el Forest Stewardship Council®

MIXTO
Papel procedente de
fuentes responsables
FSC® C117695

Penguin
Random House
Grupo Editorial

Primera edición: noviembre de 2020
Segunda reimpresión: abril de 2021

© 2020, Alfonso Casas Moreno
© 2020, Penguin Random House Grupo Editorial, S. A. U.
Travessera de Gràcia, 47-49. 08021 Barcelona
Diseño de la cubierta: Alfonso Casas
Ilustración de la cubierta: © Alfonso Casas

Printed in Spain – Impreso en España

ISBN: 978-84-17247-88-1
Depósito legal: B-11.700-2020

Compuesto por Sergi Puyol

Impreso en Gráficas 94, S.L.
Sant Quirze del Vallès (Barcelona)

CM 4788 C

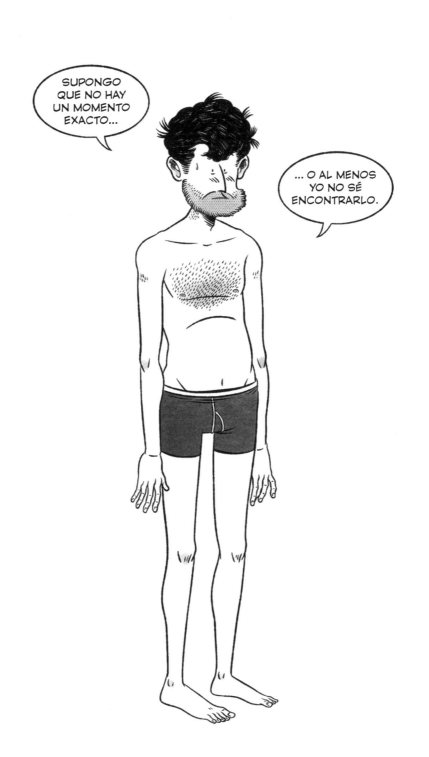

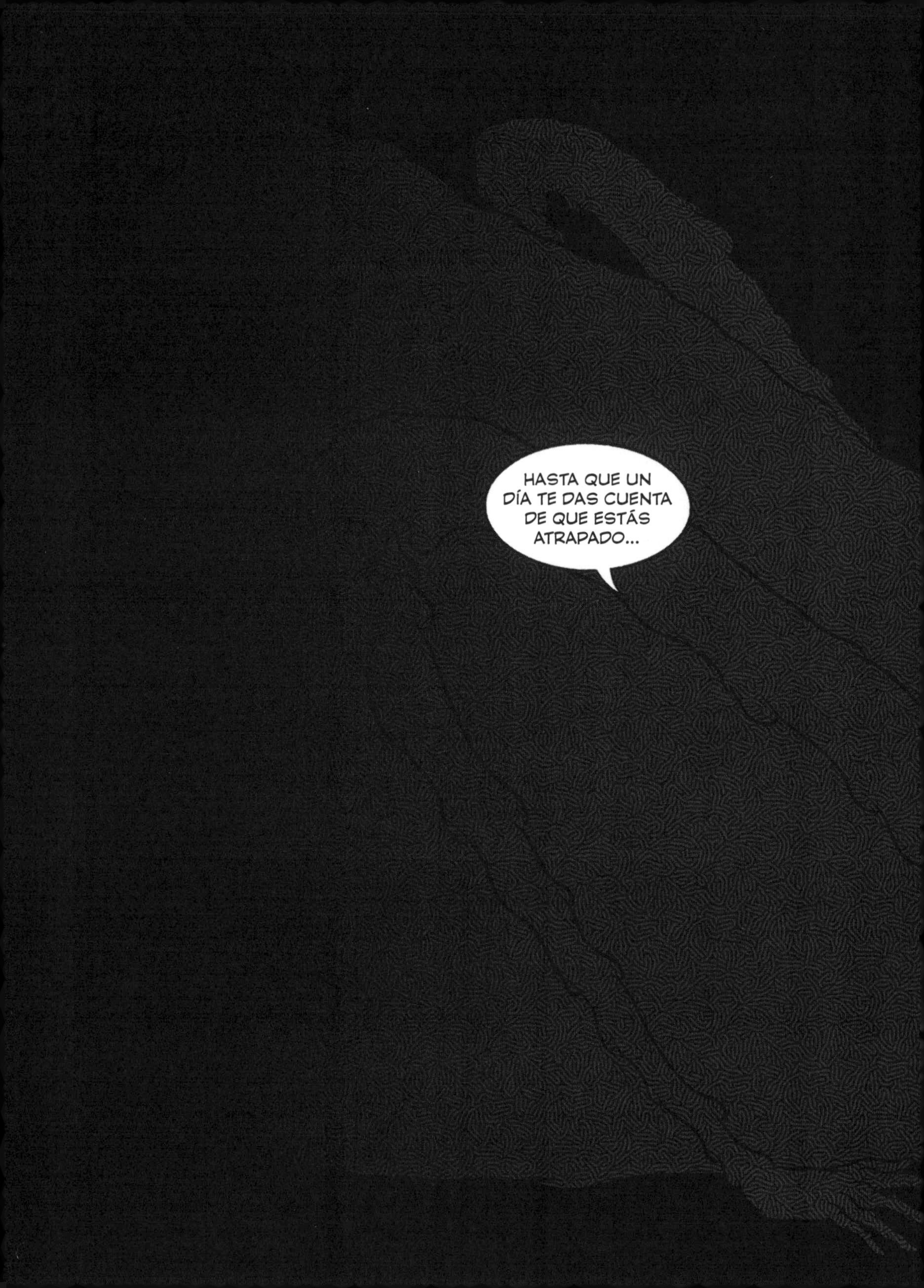
HASTA QUE UN DÍA TE DAS CUENTA DE QUE ESTÁS ATRAPADO...

Siempre he sido un poco
remolón al despertar.

Ya sabes, posponer
la alarma...

(un par de veces).

Pero desde hace
un tiempo intento
además evitar...

... lo inevitable...

¡JODER!

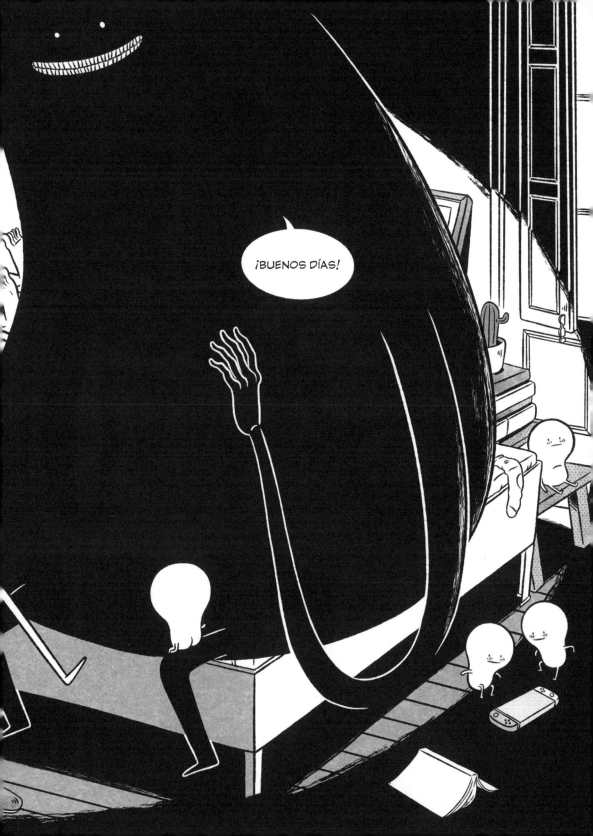

MONSTRUOSA
MENTE

Un día, releyendo un cómic antiguo que encontré haciendo limpieza...

... descubrí un pelo diminuto entre las páginas.

Podría ser una pestaña o el pelo de una ceja...

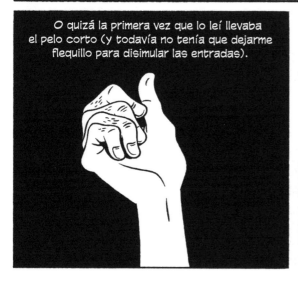

O quizá la primera vez que lo leí llevaba el pelo corto (y todavía no tenía que dejarme flequillo para disimular las entradas).

¿Cómo era el "yo" de entonces?

¿CUÁLES SERÍAN TUS ANHELOS?

¿SE HABRÁN CUMPLIDO LOS SUEÑOS QUE TENÍAS EN AQUEL MOMENTO?

¿ESTARÁS MÁS CERCA DE PARECERTE A LA PERSONA QUE QUERÍAS SER ENTONCES...

...O A AQUELLA EN LA QUE TEMÍAS CONVERTIRTE?

¡TRAE AQUÍ!

¡ZAS!

¡FFFUUU!

LA DUDA OFENDE

Al principio me asaltaban durante la noche.

Aparecían justo antes de dormirme.

ZZZ... ZZZ...

(Bueno, a veces un poco después...)

BUENAS.

¿?

¿Y TÚ QUIÉN ERES?

SOY LA DUDA DE SI AQUELLO QUE HICISTE DEBERÍAS HABERLO HECHO.

UHM, VALE...

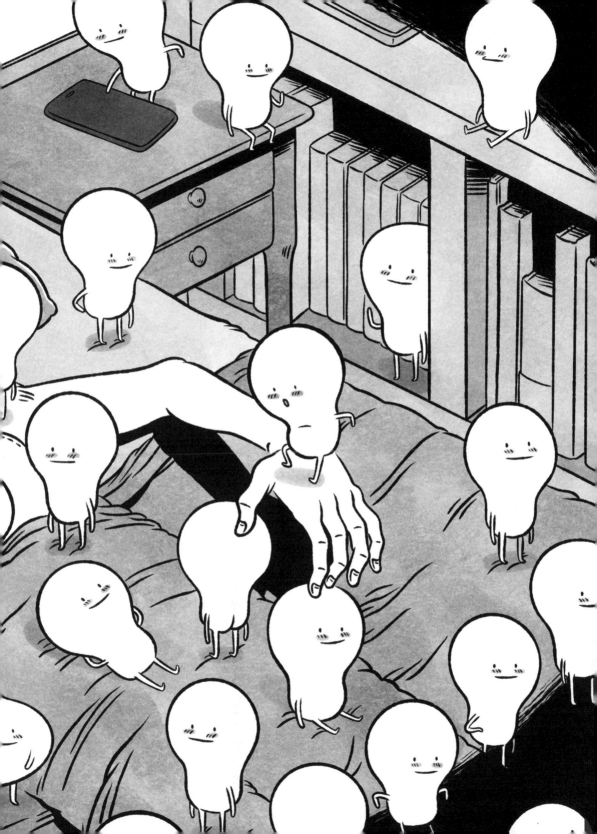

¿Y TÚ QUIÉN ERES?

NO TE PARECES AL RESTO...

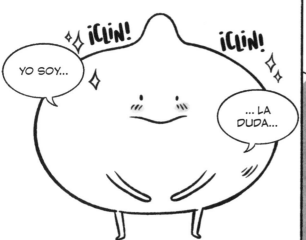

✧ ¡CLIN! ✧

¡CLIN!

YO SOY...

...LA DUDA...

... DE AQUELLO QUE NO LLEGASTE A HACER...

...Y POR LO QUE TE PREGUNTARÁS TODA LA VIDA.

TÚ...

NO PARA DE HACER COSAS... ¡SEGURO QUE TIENE LA BANDEJA DE ENTRADA LLENA!

ME RECUERDA A TI HACE UNOS AÑOS...

BUENO, ¡YA ESTÁ BIEN!

CADA CAMINO ES DIFERENTE...

¡NI MEJOR NI PEOR!

LO IMPORTANTE ES MIRAR MÁS HACIA ADELANTE...

... Y MENOS HACIA LOS LADOS PARA COMPARARSE.

¡PLAS! ¡PLAS! ¡PLAS!

VAYA, QUE BUEN DISCURSO...

¡GGRR!

SEGURO QUE "X" LO HUBIERA HECHO MEJOR...

Siempre tiene la última palabra.

Martes

VOY A IR.

MONSTER DAILY

HUMAN TIMES

Miércoles

¡VOY A IR!

¡FRUS, FRUS!

Jueves

VOY... A...

Viernes

¿SERGIO? SÍ, OYE, AL FINAL SOY BAJA PARA ESTA NOCHE, ME HE QUEDADO ATASCADO CON UNA COSA Y NO VOY A PODER IR...

SÍ, ME SABE FATAL...

Pero yo me lo imaginaba en mi habitación, mirándome fijamente...

... sin dejar nunca de beber, con ese vaivén constante...

Un día mi madre me dijo que si tanto me gustaba podríamos comprar uno.

¡QUÉ VA! ¡NO HACE FALTA!*

¡JE JÉ!

* Vamos, que me daba cague.

VENGA, VÁMONOS...

Existen ciertas experiencias de tu infancia que se quedan grabadas en tu cerebro.

¿PERO POR QUÉ NO DEJA NUNCA DE BEBER?

Algunas se convierten en dulces recuerdos de la infancia y otras...

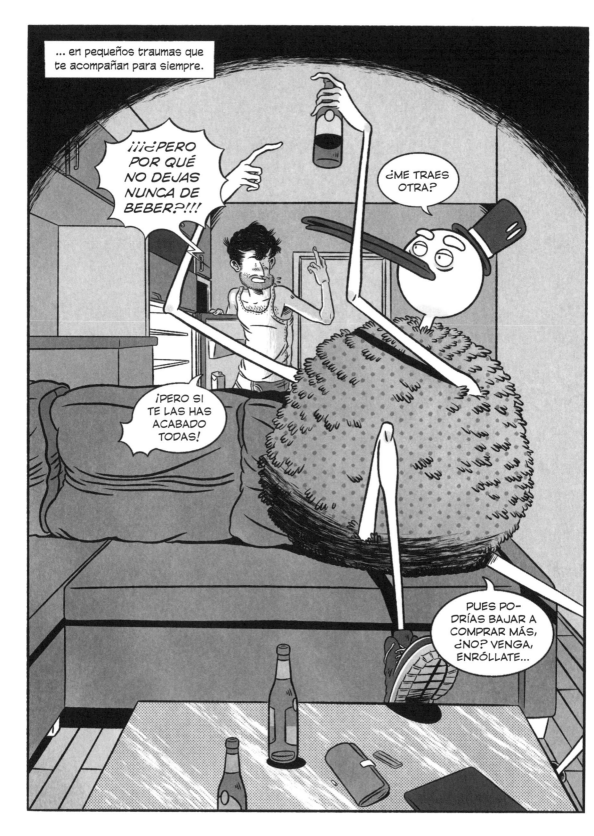

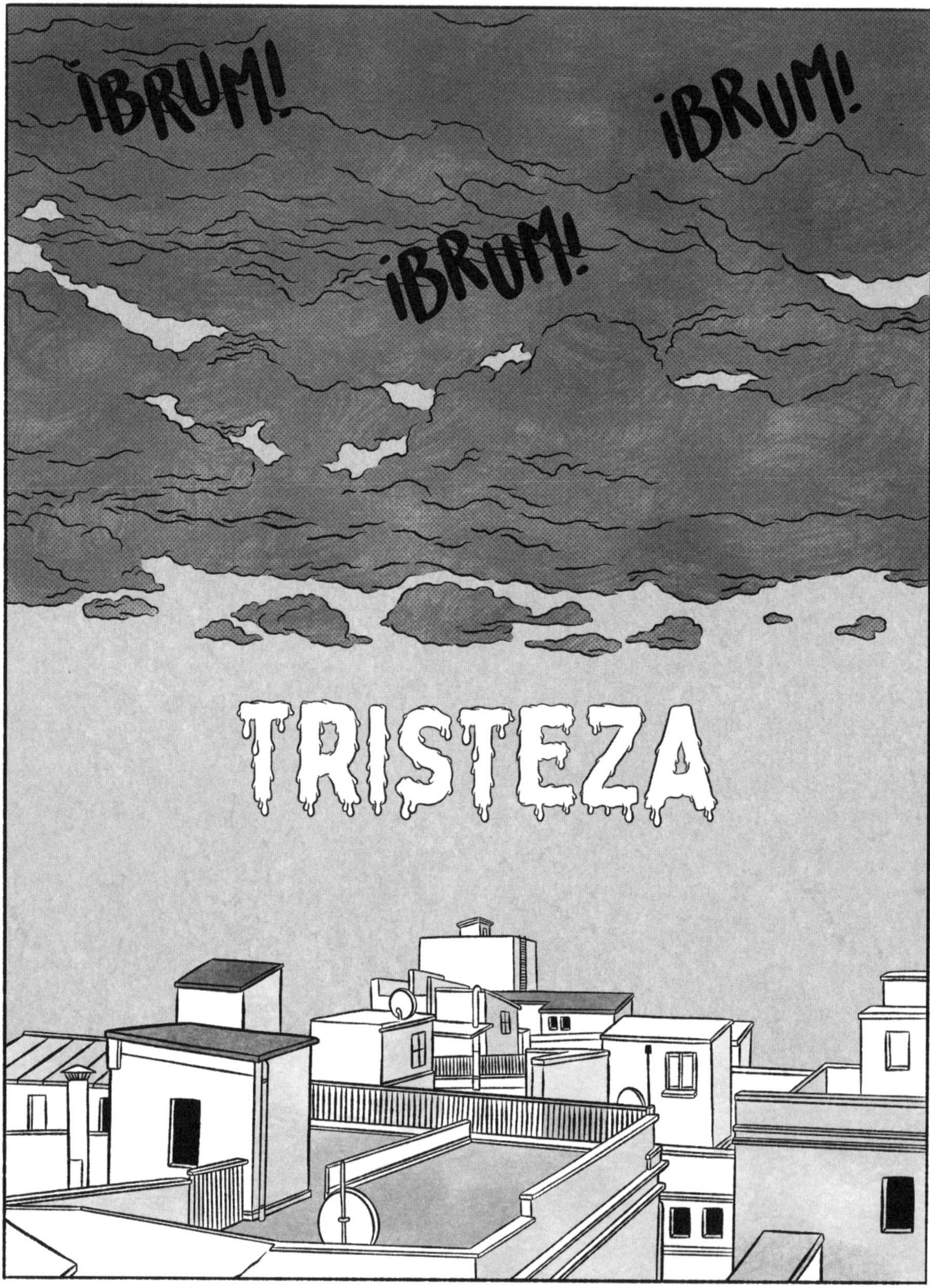
¡BRUM!
¡BRUM!
¡BRUM!
TRISTEZA

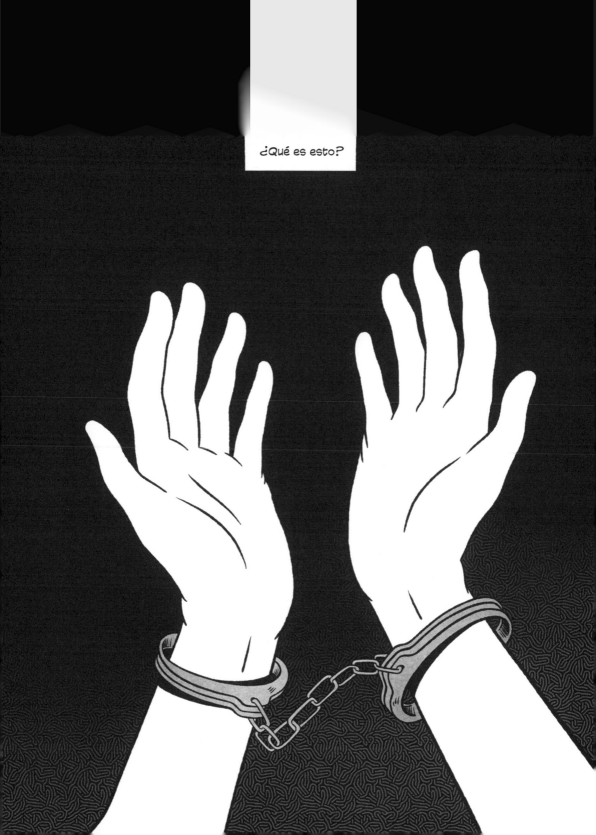

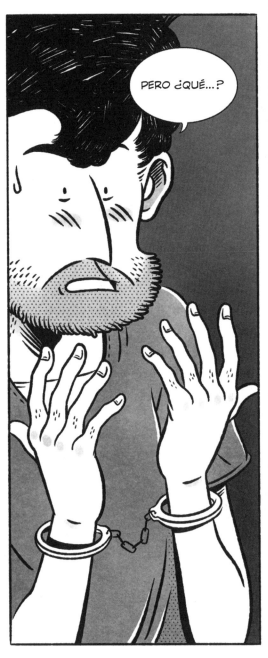

¿PERO BIEN PARA TI O PARA MÍ?*

YA VEREMOS...

* Cuanto peor me va a mí, mejor le va a él.

¿Y ESTE POR QUÉ ESTÁ TAN CONCENTRADO?

CREE QUE SI ESTE CÓMIC TRIUNFA LE DARÁN UN SPIN OFF, ASÍ QUE SE TOMA SU PAPEL EN SERIO...

¡¡¡TODO EL MUNDO EN PIE!!!

¡AAAAHH!

ESTE NO SERÁ EL JUEZ...

¡GLUPS!

QUÉ VA, ES EL ALGUACIL. ES SUPERMAJO,

YO VOY CON ÉL A YOGA.

¿PROTESTAS POR ALGO QUE HA DICHO EL JUEZ?

SEÑORÍA, YO QUÉ SÉ. ESTO ES UN SUEÑO Y TODO LO QUE SÉ DE JUICIOS LO APRENDÍ VIENDO ALLY MCBEAL.*

¡EJEM, EJEM!

* Por favor, no me hagáis aclarar qué es Ally McBeal que me siento mayor. Buscadlo en Google.

LO QUE QUIERO DECIR ES QUE REBAJAR LAS EXPECTATIVAS ES MUY COBARDE.

PODRÍAMOS ASPIRAR A MÁS CON LAS CARTAS QUE TENÍAMOS,

ES CULPA SUYA SI LAS HA JUGADO MAL.

VALE, SI ESTO ES UN SUEÑO ME QUIERO DESPERTAR YA.

¡ÑEEE!

ES CIERTO QUE LLEVA UN TIEMPO BASTANTE ESTANCADO.

¡TE ESTOY OYENDO!

¿Y QUÉ ES LO QUE PROPONE, LETRADO? ¿CUÁL SERÍA SU CONDENA?

¡PLOP!

SEÑORÍA, EL ACUSADO HA INCUMPLIDO SISTEMÁTICAMENTE TODO LO QUE NOS PROMETIÓ.

¿DÓNDE ESTÁ ESA HIPOTECA QUE IBA A CONSEGUIR ANTES DE LOS TREINTA?

¿Y AQUELLAS PROMESAS DE ÉXITO PROFESIONAL?

POR NO HABLAR DE ESA "SEGURIDAD EN SÍ MISMO" QUE SE SUPONE QUE IBA A LLEGAR CON LA EDAD...

¡CH OF!

¡CH OF!

¡CHOF!

PERO ¡SI NI SIQUIERA HA SABIDO MANTENER UNA RELACIÓN SENTIMENTAL...!

ESO ES VERDAD.

LO QUE INTENTO DECIR, SEÑORÍA, ES QUE ESTE TIPO, AQUÍ SENTADO, ES...

¡ZAS!

EXCELENTÍSIMOS MIEMBROS DEL JURADO, ESTO NO ES CUESTIÓN DE EXPECTATIVAS.

ES QUE EL ACUSADO NO CONOCE LA DIFERENCIA ENTRE EXISTIR...

... Y VIVIR.

¡MIC DROP!

NADA MÁS QUE AÑADIR, SEÑORÍA.

¡PLAS! ¡PLAS!
¡PLAS! ¡PLAS! ¡PLAS!
¡PLAS!
¡PLAS! ¡PLAS!
¡PLAS!
¡PLAS! ¡PLAS!
¡PLAS!
¡PLAS! ¡PLAS!
¡PLAS! ¡PLAS!
¡PLAS!
¡PLAS!
¡PLAS! ¡PLAS!

EL CICLO DE LA (NO) VIDA

LLEVAS TODO EL DÍA TRABAJANDO, DEBERÍAS DESCANSAR UN RATO...

DEBERÍAS ESTAR TRABAJANDO...

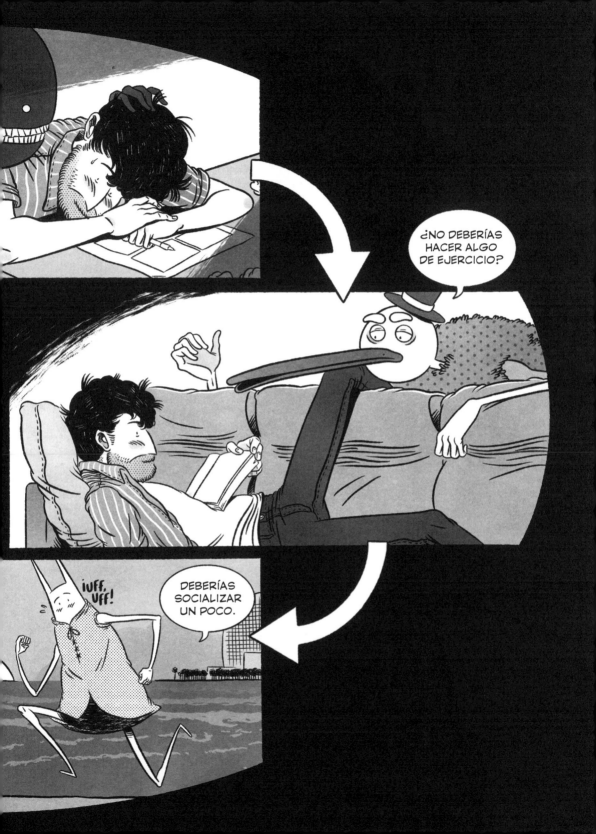

SI ES QUE SOY GILIPOLLAS
¡POR QUÉ NO ME HABRÉ CALLADO!
ESTO ME PASA POR IDIOTA
ES QUE NO APRENDO
QUIÉN ME CREO QUE SOY

Ey! estaba en el cine.
¿Cómo estás?

¿VAS A QUEDARTE?

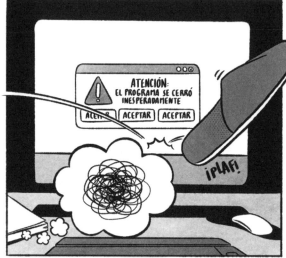

¿VIENES PARA QUEDARTE?

PUES A VER SI TE HACEN UN HUECO, PORQUE VAMOS UN POCO JUSTOS DE ESPACIO.

...

¡EY, EL NUEVO! YA QUE VIENES ¿ME TRAES UNA CERVEZA?

Aquello lo precipitó
todo: era el momento
de aprender a convivir
con ellos...

... o de expulsarlos
definitivamente.

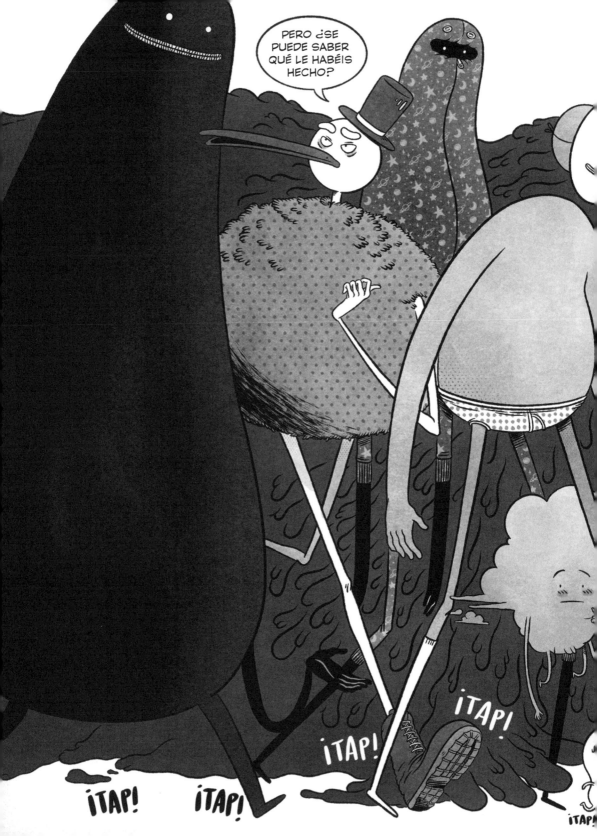

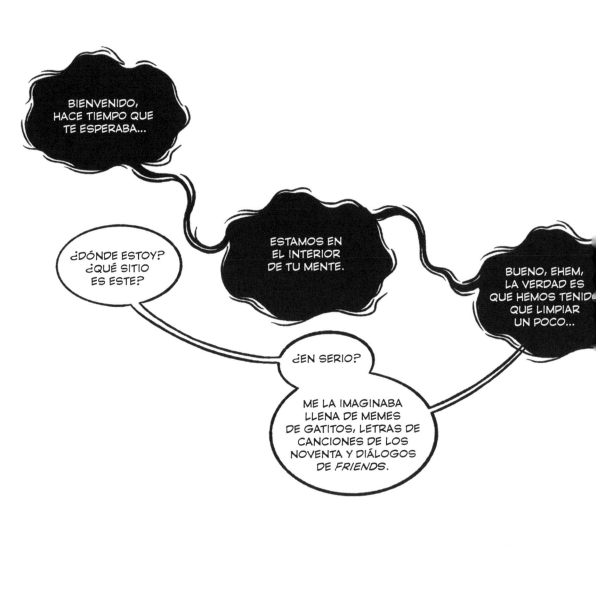

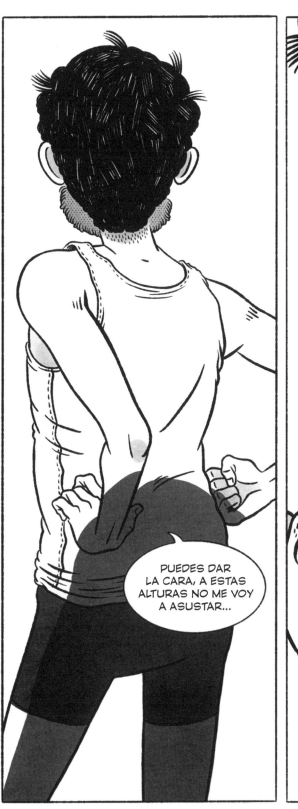

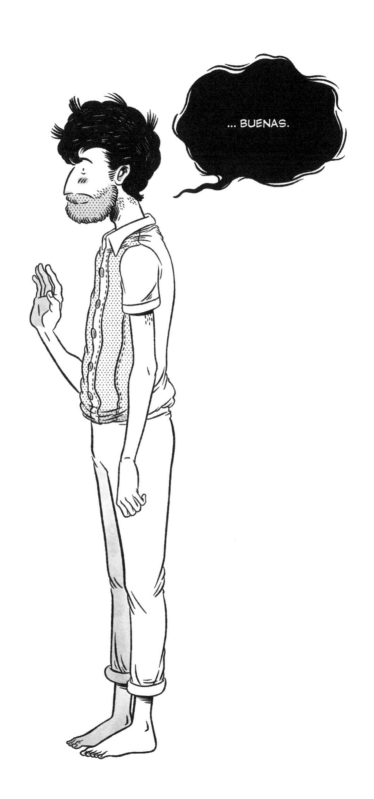

¡TÚ! QUIERO DECIR... ¡YO!

¡¿PERO QUIÉN NARICES ERES?!

¡JA! ¡JA! ¡JA! ¡JA!

SABÍA QUE IBAS A FLIPAR.

SOY EL ORIGEN DE TODOS TUS MONSTRUOS.

SOY TU SOMBRA.

MI SOMB...

ESTOY SOÑANDO OTRA VEZ...

ANDA, VEN, QUE QUIERO ENSEÑARTE ALGO...

PERO PUEDES HACER QUE SU EFECTO PASE DE SER LIMITANTE,
A SER LIMITADO.
YO
PASADO
JUEZ
TRAUMAS
PENSAMIEN-TOS TÓXICOS
ANSIEDAD SOCIAL
-PIJAMA
-NO QUIERE SALIR
???
???
SE TE HACE BOLA

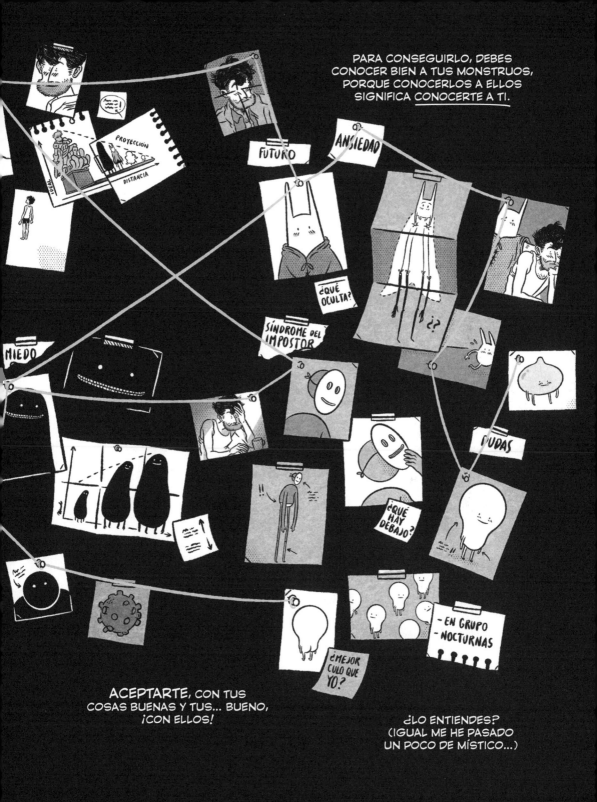

CREO QUE SÍ.

GENIAL, PORQUE YO TENGO QUE IRME.

¿NO PUEDES QUEDARTE UN POCO MÁS? ¡TENGO MUCHAS DUDAS!

TRANQUILO, A PARTIR DE AHORA...

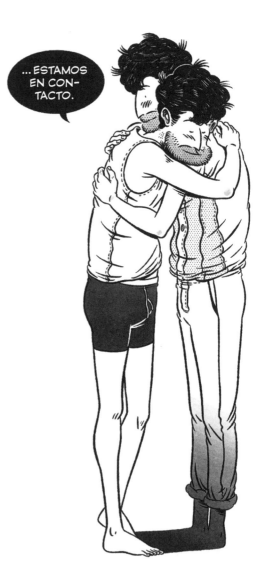

...ESTAMOS EN CON-TACTO.

Esta no es la hazaña
de un héroe que derrotó
a sus monstruos...

¡PIP, PIP!

¡PIP, PIP!

... solo es la historia de alguien...

... que está aprendiendo a convivir con ellos.

LO SIENTO, PERO NO PUEDO REMOLONEAR, TENGO PRISA.

HOY TIENES ESA REUNIÓN TAN IMPORTAN-TE, ¿NO?

SABES LO QUE TE VAN A DECIR, ¿VERDAD?

ELLOS NO LO SÉ, PERO SEGURO QUE TÚ SÍ...

FIN

NO 051987
NOMBRE:
SR. TRAUMAS
DEL PASADO

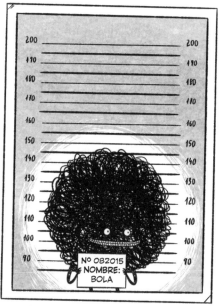

NO 082015
NOMBRE:
BOLA

¿Sabes cuando ocurre algo que de repente
hace saltar todas tus alarmas interiores?
Pues casi siempre es este monstruo
el que aprieta el botón rojo.

Es el culpable de esas pequeñas
derrotas constantes que hacen que
el día se te haga cuesta arriba.

NO 121998
NOMBRE:
DUDAS

NO 112013
NOMBRE:
PENSA-
MIENTOS
TÓXICOS

NO 061990
NOMBRE:
ANSIEDAD
POR EL FUTURO

No te dejes engañar por
su adorable aspecto, estos
minimonstruos son de
la peor calaña. Especial-
mente peligrosos de noche
y cuando vienen en pandilla.

Lo peor de este monstruo es que
"cuando haces pop ya no hay stop".
Este tipo es capaz de ensuciar a su
paso todo lo que toca. Conseguir
limpiarlo es difícil, pero no imposible.

Piensa que el porvenir es algo
tan oscuro que intentará por
todos los medios ocupar
tu presente preocupándote
por tu futuro.

Como un buen desodorante, este monstruo nunca te abandona. A veces es pequeño y no molesta, pero otras puede ser enorme y te paraliza.

No es que no le guste salir de casa, es que directamente no sale ni del interior de su pijama (por eso apenas se le entiende cuando habla). Si dudas entre socializar o quedarte en casa viendo series, este monstruo tiene la respuesta.

Su mayor obsesión es convencerte de que solo es cuestión de tiempo que el mundo descubra que eres un farsante. Una auténtica joya de monstruo, vamos.

¿Hay días que sin saber muy bien por qué te apetece revisionar *Los puentes de Madison* o escuchar a Adele? Seguramente este monstruo no ande muy lejos.

(Todavía quedan muchos sin clasificar.)

A todas las personas que formáis
parte de mi vida, gracias por
soportar a mis monstruos mientras
batalláis con los vuestros.